MITOLOGÍA
INDIA

Para Manon, Cynthia
y Timour

BLUME

Título original:
La mythologie indienne

Traducción:
Teresa Jarrín Rodríguez

**Revisión científica de la edición
en lengua española:**
Eva María Poblador Relancio
Especialista en Didáctica de las Ciencias Sociales
Licenciada en Geografía e Historia
Universitat de Barcelona

**Coordinación de la edición
en lengua española:**
Cristina Rodríguez Fischer

Primera edición en lengua española 2007

© 2007 Art Blume S. L.
Av. Mare de Déu de Lorda, 20
08034 Barcelona
Tel. 93 205 40 00 Fax 93 205 14 41
E-mail: info@blume.net
© 2002 Actes Sud, Arlés (Francia)

I.S.B.N.: 978-84-9801-215-6
Depósito legal: B-32.245-2007
Impreso en Tallers Gràfics Soler,
Esplugues de Llobregat (Barcelona)

Los orígenes del mundo

MITOLOGÍA INDIA

JEAN CHARLES BLANC

BLUME

Contenido

EN LA ANTIGÜEDAD

¿De dónde venimos? ¿Quiénes somos? ¿Adónde vamos? Cuando los seres humanos empezaron a hacerse estas preguntas, su ignorancia sobre los secretos de la vida y de la muerte era total.

Al ser la mujer la que dispensaba la vida, aquellas gentes decidieron venerarla rindiendo culto a la Diosa Madre, quien, como por un acto de magia, hacía nacer de su inmenso vientre a todas las criaturas de la Tierra. Como reinaba sobre una naturaleza a la vez buena y cruel, se la adoraba y se imploraba su protección.

Al coincidir la fecundidad de la mujer con los ciclos de la luna, se rindió culto a este astro, y después al sol. Luego se veneró a los fenómenos naturales: los animales, los árboles, las montañas y las fuentes.

La Gran Diosa estaba rodeada de muchas divinidades. Los descendientes de aquellos hombres comprendieron poco a poco que ellos también tenían un papel en el enigma de la creación, y que la Gran Diosa no era la única que gobernaba los asuntos del universo. Así fue como crearon los dioses, a su imagen y semejanza.

1

LA DIOSA MADRE Y LOS DIOSES GUERREROS

Existen estatuas de arcilla que representan a la Diosa Madre como una mujer desnuda de abultados pechos repletos de leche y grandes caderas, adornada con collares y un inmenso tocado. Las gentes ofrecían sacrificios a esta diosa, y también a un dios cornudo, con cabeza de búfalo, para que fecundara la tierra con su simiente.

UNA CIVILIZACIÓN SIN DIOSES

Todo esto sucedía en el valle del Indo, donde se habían construido Mohenjo-Daro y Harappa, dos de las primeras ciudades de la historia de la humanidad. Estaban situadas lejos de las orillas del río para resguardarse de las inundaciones y eran auténticos centros comerciales dirigidos por mercaderes y artesanos. Estas gentes conocían la escritura, pero los signos que figuran en los sellos que han encontrado los arqueólogos no han sido aún descifrados.

Un buen día, las tiendas dejaron de vender sus mercancías y los fuegos de las forjas se apagaron. Nómadas guerreros venidos del norte habían invadido las lejanas ciudades de Mesopotamia, que co-

merciaban con Mohenjo-Daro y Harappa. Arruinados, los habitantes de estos centros comerciales fueron a instalarse en las campiñas del Doab, el país de las Dos Aguas, situado entre el Indo y el Ganges. Poco a poco, las ciudades del Indo cayeron en el olvido.

Estos nuevos campesinos vivían al día y estaban poseídos por el miedo a los espíritus y los demonios, como si la gran Diosa Madre hubiera abandonado a los que la habían adorado.

PROCEDENTES DE PONIENTE

De regiones muy lejanas, en poniente, llegaban rumores de saqueos, y los campesinos del Doab, que no conocían apenas el arte de la guerra, se entregaron a la fatalidad. Sin previo aviso, unos jinetes nómadas cruzaron los pasos y puertos del oeste. Los lugareños oyeron el fragor de una tormenta que se

acercaba, y en el horizonte aparecieron hombres armados de arcos y flechas, lanzas y venablos, mazas y porras, y montados sobre extrañas criaturas cuyo cabello flotaba al viento. Lo que los lugareños habían tomado por el ruido del trueno era el estrépito de los cascos sobre la dura tierra, y las extrañas criaturas no eran sino caballos.

Los guerreros, de una fuerza sin igual, cual centauros, se desplazaban además en temibles carros, los *ratha*, de los que tiraban dos o cuatro caballos. Al verles caer sobre sus pueblos, los humildes campesinos los tomaron por demonios. Estas gentes, que tenían la piel oscura, se llenaron de terror al contemplar la tez clara de sus atacantes. ¿Cómo podían ofrecer resistencia si creían que estaban enfrentándose a dioses?

Estos jinetes, procedentes de las estepas y altiplanicies semidesérticas del Asia central, venían en busca de nuevos pastos. Eran los arios, conocidos hoy

como indoarios, y conquistaron rápidamente el fértil Doab.

Comenzó así una nueva vida. A los cazadores y campesinos colonizados no les quedó otra opción que la de someterse a los conquistadores, cuya sociedad estaba muy jerarquizada.

SACERDOTES Y GUERREROS

Los arios aportaron nuevas creencias y dioses guerreros. Y en el mundo, que estaba sumido en las tinieblas, se hizo la luz. Al lado de los hombres, los dioses y las diosas de esta nueva religión iban a participar a lo largo de los siglos en la conquista de inmensos territorios de uno y otro lado de los mares.

A la caída de la noche, una vez terminadas las labores del campo, los hombres, las mujeres y los niños se reunían bajo la gran higuera, el árbol sagrado de la plaza de la aldea, para escuchar a los *rishis*: sabios que eran poetas y adivinos. Tenían por misión que se conocieran las treinta y tres divinidades: los Asuras. De ellas, las más importantes, especialmente los dioses guerreros, eran seres ejemplares.

LAS CUATRO CASTAS

EN LA CÚSPIDE DE LA SOCIEDAD,
ESTABAN LOS BRAHMANES, SACERDOTES
ENCARGADOS DE LOS SACRIFICIOS Y
DEPOSITARIOS DE LOS LIBROS SAGRADOS.
LOS PRÍNCIPES GUERREROS, LOS
KSHATRIYAS, OCUPABAN EL SEGUNDO
LUGAR Y ASEGURABAN LA PROTECCIÓN
DE SUS SÚBDITOS, DANDO PREFERENCIA
A LOS BRAHMANES. A CONTINUACIÓN,
LOS VAISHYAS AGRUPABAN A LOS
PRODUCTORES (CAMPESINOS, ARTESANOS
Y COMERCIANTES). ESTAS TRES
CATEGORÍAS DOMINABAN A LA
DE LOS SIERVOS, LOS SHUDRAS, QUE
NO PARTICIPABAN EN EL CULTO DEL
SACRIFICIO, PERO QUE SE HACÍAN CARGO
DE LAS NECESIDADES CONSIDERADAS
IMPURAS, COMO MATAR A LOS ANIMALES
QUE SE OFRECÍAN A LOS DIOSES.

LA GENTE NACÍA, SE CASABA Y MORÍA
DENTRO DE SU CASTA. LOS MIEMBROS
TENÍAN LA OBLIGACIÓN DE RESPETAR
LOS DEBERES QUE LES IMPONÍA
SU NACIMIENTO, Y DE OBEDECER
LA LEY INMUTABLE ESTABLECIDA
POR LOS DIOSES INDOARIOS.

VARUNA

Cabalgando sobre la tortuga, el cisne o el monstruo marino Makara, Varuna reina sobre las aguas y los elementos. Guardián del orden del cosmos, es el señor del universo, de los dioses y de los hombres. Su saber es inmenso. Puede penetrar en todos los misterios y posee poderes mágicos. Conoce cien mil remedios. Hace brillar el sol. Con su aliento crea el viento. Ha hecho el cauce de los ríos y las corrientes de agua. Organiza la marcha de la luna y de las estrellas. Gobierna la noche y deja la dirección del mundo del día a su hermano Mitra, el dios de la amistad.

INDRA

Al reinar en el mundo invisible, Varuna está demasiado lejos de los hombres, que prefieren a Indra, dios de la guerra y soberano del cielo. Señor de las tormentas, Indra lleva en su mano derecha el rayo —el *vajra*—, arma arrojadiza de mil puntas que conduce a los guerreros a la victoria. Es de gran talla y barbudo, y monta en un caballo blanco o en un elefante blanco de cuatro colmillos. Cruza también el cielo sobre el *ratha,* un carro de oro cargado de centellas, espadas, venablos y serpientes, y tirado por diez mil caballos de color leonado.

Indra posee las cualidades de todos los dioses. Representa a la vez la fuerza, la sabiduría, la generosidad, la exuberancia y el heroísmo. Es bailarín y mago, y le encantan los placeres y la ebriedad. Gran seductor, tiene numerosos amores. Como teme a los sabios, les envía a las ninfas Apsara para que perturben sus meditaciones. Es un gran bebedor y se solaza tomando *soma*, un misterioso brebaje que duplica su fuerza y le ayuda a vencer a los demonios.

SURYA

Durante la creación, el huevo del mundo se dividió en dos partes: una, de plata, se convirtió en la tierra; la otra, de oro, en el cielo. La cáscara formó las montañas; la membrana interior, las nubes y la nieve. Las venillas pasaron a ser los ríos, y del líquido del huevo se hizo el océano. Cuando apareció Surya, hubo un gran grito del que nacieron todos los seres y sus deseos. Además, cuando Surya se levanta y se acuesta, se oyen cantos llenos de júbilo y sonidos maravillosos. Surya, el Sol, la divinidad visible, ojo del mundo y causa del día, existe eternamente.

EL SOMA

PARA SACIAR LA SED DE LOS DIOSES,
SE LES OFRECÍA SOMA. ESTA BEBIDA
EMBRIAGADORA SE OBTENÍA AL PRENSAR
UNA MISTERIOSA PLANTA DE LAS
MONTAÑAS. HOMBRES Y DIOSES CONSU-
MÍAN ESTE BREBAJE DE
INMORTALIDAD, TRAÍDO POR EL
ÁGUILA, PARA GANAR O CONSERVAR
EL CIELO. EL SOMA SE UTILIZABA SOBRE
TODO EN LAS LIBACIONES DURANTE
LOS SACRIFICIOS A AGNI, QUE SE
ACOMPAÑABAN DE CANTOS. PARA
BEBERLO, HACÍA FALTA CONTROLAR
LA RESPIRACIÓN. REPRESENTABA LA
FUENTE DE TODA VIDA: EL ESPERMA.
LA LUNA SE COMPARABA A UNA
COPA LLENA DE SOMA. EXISTEN MUCHOS
TEXTOS DE LOS VEDAS CONSAGRADOS
A ESTA BEBIDA.

AGNI

A pesar de comer carne, Agni es el dios más popular. Más de doscientos himnos de los *Vedas*, los libros sagrados, están dedicados a él. Protector de los hombres, interviene ante otras divinidades, a las que ofrece sacrificios. De color rojo, ojos amarillos y dos cabezas, tiene siete lenguas del color del fuego y siete brazos. En las manos sostiene la madera que alimenta el fuego, un hacha, un fuelle, una antorcha y la cuchara con que vierte sobre el fuego la manteca del sacrificio. El humo es su estandarte. Adornado de llamas y vestido de negro, le acompaña una cabra. Las frutas son sus alhajas.

Hace aparecer el sol y por la noche alumbra las estrellas. Está presente en todas las casas bajo la forma del fuego del hogar. Agni es también el dios de la ciencia y de la cremación.

RUDRA

Rudra, gruñón y violento, es el dios de las tormentas. Señor de los animales, habita en los bosques, va sucio y con el pelo revuelto, y tiene el vientre negro y la espalda roja. Es un gran arquero, pero nunca participa en combates. Aunque es médico, trae enfermedades. Es maestro de yoga. Llamado «Rudra el Destructor», no tiene necesidad alguna de sacrificios. Es un dios de buenos augurios.

LOS VEDAS

DURANTE LOS SACRIFICIOS,
LOS PARTICIPANTES RECITAN MANTRAS,
HIMNOS Y ENCANTAMIENTOS DIRIGIDOS
A LOS DIOSES. LOS MANTRAS ESTÁN
REGISTRADOS EN LOS VEDAS, LIBROS
SAGRADOS ESCRITOS EN SÁNSCRITO,
LA LENGUA DE LOS POETAS GUERREROS.
SÓLO LOS BRAHMANES TIENEN
DERECHO A RECITAR LOS MANTRAS,
QUE SE TRANSMITEN DE PADRES
A HIJOS. LAS DIVINIDADES HAN
INSPIRADO LOS VEDAS A LOS SABIOS
RISHIS, QUE HAN TRANSCRITO ESE
SABER REVELADO.

LOS CUATRO VEDAS SE COMPLEMENTAN
CON TRECE UPANISHADS O COMENTARIOS
EXPLICATIVOS. ESTOS ESCRITOS SON
LOS FUNDAMENTOS DE LA CIVILIZACIÓN
INDIA Y DEL PENSAMIENTO HINDÚ.

Éstos son los Asuras, los grandes dioses de los *Vedas* que luchan sin cesar contra las divinidades maléficas y los demonios *rakshasa* o *naga*.

Estos dioses belicosos tienen compañeras que son una especie de herederas de la Diosa Madre, convertida en Devi, la Gran Diosa.

USHAS

Ushas, la hija de Dyaus, dios del cielo, es la más popular. Todas las mañanas persigue a las tinieblas pobladas de demonios. Es la aurora que aparece por oriente como una joven vestida con un simple velo de luz, dejando los senos al descubierto, para ser admirada. Ushas despierta a todos los seres vivos. Es la madre, la esposa y la señora de Surya, el dios Sol. Pero también es amante de Agni, a quien dio a luz.

Al presidir la eclosión del día, Ushas renace a diario. Todos los días brilla mostrando su juventud. Es la Rueda que gira sin cesar. Es también la hermana gemela de Varuna, y desconfía de Indra, que con su rayo puede a veces perturbar su llegada. Reina sobre las riquezas y los bienes del mundo, y tiene también derecho al nombre de madre de los dioses.

RATRI

Ratri, la diosa de la noche, es la otra hija del cielo, que brilla con sus mil ojos: las estrellas. Sabe que los hombres no la quieren bien, y su llanto es el rocío de la mañana. De todas formas, la gente le ofrece sacrificios para obtener su protección frente a los peligros nocturnos. Todos los días, Agni y Ushas la persiguen. Cada noche, Ratri vuelve para dominar en su mundo lúgubre y estéril.

PRITHVI

Es la esposa de Dyaus y la madre de los hombres y los dioses. Prithvi es la tierra, y trabaja con el cielo para que los hombres reciban las bienhechoras lluvias. Su olor, del que impregna a todo lo que viene de ella, la distingue de las otras divinidades. Con su leche alimenta a todos los seres. Se asemeja a la vaca preñada de su ternero, que no es otro que Agni, el fuego. En su vientre habitan los hombres que le ofrecen sacrificios. Cuando los seres mueren, vuelven al seno materno de Prithvi, que es también la diosa de la muerte.

También está Aditi, la madre de Varuna y de Indra, que es la guardiana del orden universal. Y Sarasvati, la madre de los ríos, que se convertirá en esposa de Brahma.

LOS SACRIFICIOS

En la tradición de los *Vedas*, el sacrificio era el primero de los ritos, el único medio de invocar y de apaciguar a los dioses de los indoarios. Se les ofrecía leche, manteca, miel, vacas, cabras y corderos. Una parte de estos alimentos, crudos o cocidos, se vertía o lanzaba al fuego, guardado por Agni, quien los entregaba a los otros dioses. El sacrificio simbolizaba la creación del mundo. Los oficiantes y la persona que había encargado hacer el sacrificio se repartían las ofrendas que los dioses no habían tocado.

Al principio, la cremación de los muertos era la última ofrenda. En ella el muerto se ofrecía a Agni, quien lo conducía derecho al cielo. Así, el difunto era como el primer hombre que, inmolándose, había dado origen al mundo. Hoy, la casi totalidad de los hindúes siguen practicando la cremación. Las cenizas se lanzan a las aguas del río para su purificación.

Al realizar los diecisiete rituales del sacrificio, los brahmanes oficiaban en un espacio puro que les estaba reservado exclusivamente a ellos. El altar del sacrificio, que representaba la tierra y el agua, elementos primordiales de la creación, no debía mancillarse lo más mínimo.

EL SACRIFICIO SUPREMO

El *ashvamedha,* o sacrificio real de un semental blanco, era el más preciado para los dioses. El rey mismo tomaba parte en él. Tras elegir al caballo más hermoso, debía vivir con él durante un año en la más completa castidad. El semental corría con total libertad y sus desplazamientos simbolizaban el curso del sol. Si se aventuraba en el territorio de otro rey, éste podía declarar la guerra al dueño del semental o bien declararse vencido.

Al finalizar el año de celibato, el caballo era conducido a la ciudad real. Un astrólogo elegía el día del sacrificio, y en primavera se le presentaba al semen-

tal una yegua. En el momento en que el semental, magníficamente enjaezado, estallaba en júbilo profiriendo un largo relincho, los sacerdotes lo estrangulaban.

Comparándose al dios Surya, el rey invitaba a sus esposas a pasar una noche ante los restos mortales del semental. Si un rey sacrificaba cien sementales durante su reinado, destronaba a Indra y se convertía en señor del universo.

LA CREACIÓN DEL MUNDO

Según los *Vedas*, el nacimiento del mundo es la consecuencia de un incesto entre el dios Prajapati y su hija Ushas, la Aurora.

Ushas quería escapar de su padre, que la deseaba. Se convirtió en cierva y se escondió en el bosque. El padre la encontró y se transformó en ciervo para acercarse a ella. Al ver aquello, los dioses, contrariados, se pusieron de acuerdo: «Prajapati está a punto de cometer un acto abominable. ¡Vamos a castigarle!».

Como no lo encontraban, crearon a Rudra y le dijeron: «Prajapati está a punto de cometer lo que no está permitido. Ve a traspasarlo con tus flechas». Rudra se internó en el bosque y, al ver a Prajapati a punto de transgredir el tabú, tensó el arco y atravesó con una flecha al dios, que levantó el vuelo y derramó su simiente sobre la tierra.

La simiente llenó un lago. Temiendo que estas semillas se echaran a perder, los dioses declararon que las había sembrado Manú, el primer hombre, y pidieron a Agni que rodeara el lago con un círculo de fuego para purificar sus orillas. Pero los vientos

AUM

LAS PALABRAS DIVINAS SON EL SONIDO
DE LAS SÍLABAS QUE PRECEDIERON
AL UNIVERSO, CREADO A PARTIR
DE LA SÍLABA «AUM», SONIDO
PRIMORDIAL QUE SE REPITE
AL PRINCIPIO DE CADA ORACIÓN.
AUM ES TAN SAGRADO QUE CUANDO
SE PRONUNCIA, NADIE DEBE OÍRLO.
DE LAS TRES LETRAS QUE LA COMPONEN
«A» ES EL PRIMER SONIDO QUE
SE PRODUCE AL ABRIRSE LA BOCA.
ES EL DESPERTAR DE LA CONCIENCIA,
EL COMIENZO DE LA EXHALACIÓN
DEL AIRE. «UM» ES EL FIN DE LA
ESPIRACIÓN. AUM ES SÍMBOLO DEL
PASADO, Y TAMBIÉN DEL PRESENTE
Y DEL FUTURO. ES LA RAÍZ QUE UNIFICA
LOS ÁTOMOS DEL MUNDO Y DE LOS
CIELOS.

avivaron las llamas y éstas alcanzaron tal violencia que las semillas se elevaron por los aires, las prendió el fuego y se convirtieron en los dioses Varuna, Surya y Mitra. Cuando el fuego se apagó, las brasas se transformaron en ganado negro, y de las cenizas nacieron el búfalo, el antílope, el dromedario y el asno.

Orgulloso de sí, Prajapati gritó: «¡Todas estas criaturas son mías!». «¡Ni hablar!», rugieron los dioses, e invocaron a Agni y a Rudra para que terminaran de una vez por todas con las pretensiones de Prajapati.

2

EL ALMA Y
EL ETERNO RETORNO

El tiempo pasa, y se consuma la conquista de Bharata, la Tierra Madre. Cansados de guerrear sin tregua, los príncipes abandonan los campos de batalla y prefieren vivir en sus palacios y gobernar sus ciudades.

La sociedad cambia. El comercio florece, los comerciantes ganan poder y la hegemonía de los viejos sacerdotes disminuye. ¿Qué objeto tienen tantos sacrificios a dioses que sólo se ocupan de lo suyo y no escuchan apenas las peticiones de los hombres? ¿Existe aún alguna razón para invocar a Indra, a Varuna o a Agni? ¿No sería mejor buscar la causa de las cosas y la energía sagrada que reside en el interior de cada criatura?

Al no ser la realidad más que una ilusión, ya no es sacrificando animales como el hombre puede dialogar con las fuerzas divinas. Aparecen nuevos sabios brahmanes que rechazan los antiguos ritos. Prohíben los sacrificios de animales, continúan cantando himnos a los dioses y buscan una nueva vía que conduzca a la unión del *atman* o alma individual con el brahman o alma universal.

Para escapar de la eterna reencarnación del alma y lograr la liberación, existen tres caminos: el conoci-

miento y la adquisición del saber, la devoción a los dioses y la posesión de un buen karma.

Los sabios afirman que por la meditación y la renunciación se escapa de la fatalidad de las reencarnaciones del alma en este universo de sufrimiento e ilusión; se alcanza la liberación renunciando a la acción. Estos sabios se convierten en yoguis o ascetas que rompen con el mundo. Dejando a un lado los placeres y los bienes materiales, se hacen vagabundos, rehúsan ligarse a un lugar concreto, y mendigan para comer o se contentan con recolectar frutos y plantas silvestres. Practican el ayuno y la mortificación, soportan el frío y el calor extremo, y van en taparrabos o desnudos.

SER O NO SER PRÍNCIPE

En el reino de los Çakya, el rey Shuddodhana gobernaba en la ciudad de Kapilavastu. Una noche, la reina Maya Devi sueña que un elefante de seis colmillos viene a visitarla a su aposento. Al día siguiente, los adivinos y astrólogos del palacio predicen el nacimiento de Siddhartha, un hijo que se convertirá en rey o en sabio. En un viaje a la casa de sus padres, la reina se encuentra atravesando el bosque de Lumbini, cuando es presa de súbitos dolores. Se agarra a la rama de un árbol y da a luz a un hijo por el costado derecho mientras cae del cielo una lluvia de flores, enviada por los dioses. Apenas nacido, Siddhartha se sostiene de pie, se

EL KARMA Y EL DHARMA

LA LEY DEL KARMA ESTABLECE
QUE LA SUMA DE NUESTRAS ACCIONES
DECIDE LO QUE SERÁN NUESTRAS VIDAS
FUTURAS, PORQUE NADA ESCAPA AL
CICLO INFINITO DE LOS RENACIMIENTOS:
EL SAMSARA.

DESDE SU NACIMIENTO, CADA
SER DEBE RESPETAR EL DHARMA,
CONJUNTO DE REGLAS Y DE FENÓMENOS
NATURALES QUE, ESTABLECIDOS
POR LOS DIOSES, RIGEN EL ORDEN
DEL MUNDO. EL DHARMA GUÍA
POR EL CAMINO QUE LLEVA
A LA ETERNIDAD.

AL EXISTIR EN NOSOTROS EL DESEO
DE LA VIDA ETERNA, RENACEMOS
CONTINUAMENTE.
Y NUESTRAS MALAS ACCIONES
SON LA CAUSA DE LOS SUFRIMIENTOS
EN LAS VIDAS FUTURAS.

gira en las cuatro direcciones del horizonte, y parte hacia el norte para tomar posesión del universo. Siete días más tarde, Maya Devi muere y el niño es confiado a su tía.

Como desea que su hijo se convierta en un buen soberano, Shuddodhana lo educa para hacer de él un gran *kshatriya*. Convertido en excelente arquero y experto en armas, Siddhartha también gana en sabiduría, lo que le vale el sobrenombre de Çakya-muni o sabio de los Çakya. De todas formas, vive encerrado en el palacio, pues los adivinos han vaticinado al rey que Siddhartha abandonará su reino si tiene el infortunio de encontrarse con un enfermo, un mendigo y un difunto. El padre se esfuerza por que Siddhartha lleve una vida dichosa, pero el príncipe está a menudo triste. Esperando hacer feliz a su hijo, el rey lo casa a los dieciséis años con Yashodhara, que le da un hijo, y Siddhartha recupera su alegría.

Un día que sale del palacio con su cochero Chandaka se producen los tres encuentros que tanto había temido su padre. Se cruza con un lisiado que se lamenta en la orilla del camino. Un poco más lejos, un enfermo le muestra sus extremidades roídas por la lepra. Después, la marcha de su carro se ve interrumpida por un cortejo fúnebre que lleva a un difunto a la hoguera de la cremación.

Siddhartha comprende entonces lo que es la verdadera vida. Súbitamente es presa de la angustia: «¿Y si me sucede algo así? ¿A mi familia y a todos mis seres queridos?». Entonces le sale al encuentro un asceta que le presenta su escudilla de mendigo, y Siddhartha no da crédito al ver la dicha que irradiaba este indigente.

Al regresar al palacio, estos cuatro encuentros han sembrado la inquietud en su espíritu. Todas las noches sufre pesadillas.

Pasado algún tiempo, abandona el palacio, a la joven reina y a su hijo. Jamás será rey. Parte con su fiel Chandaka para internarse en lo más profundo del bosque. Siddhartha no tiene aún treinta años.

EL EXILIO Y LAS PENITENCIAS

Abandona sus ropas y alhajas de príncipe, se corta el cabello, toma la escudilla de mendigo, cambia su nombre por el de Çakyamuni, y parte a buscar ascetas capaces de responder a sus preguntas: «¿Quién soy? ¿Adónde voy? ¿Cuál es el fin de la existencia?».

Durante seis años, medita, lleva una vida de asceta, ayuna y se alimenta de unos pocos granos de arroz. Su cuerpo no es más que un esqueleto y sigue sin alcanzar la verdad. Muy debilitado y sintiendo que está a punto de perder la razón, decide salir del bosque.

Seguido de cinco discípulos, llega exhausto a la aldea de Bodh Gaya, donde acepta una escudilla de arroz de las manos de una niña. Contrariados al verle aceptar la limosna, sus discípulos le abandonan. Çakyamuni comprende que no es así como encontrará lo que anda buscando. Se sienta bajo la sombra de una higuera y decide que no se moverá de allí hasta que alcance la Verdad y encuentre el remedio definitivo a los males que sufre la humanidad. Entonces, Mara, el príncipe de los demonios, le envía ejércitos y mujeres para tentarle; pero él resiste y prosigue con su meditación.

LA REVELACIÓN

Un día, al alba, encuentra al fin la respuesta a sus preguntas: el odio, la envidia y la ira son la causa de los sufrimientos, y todo no es más que una ilusión. Es el despertar, la iluminación. Çakyamuni se convierte en buda. No obstante, vuelve a la meditación, aprende a suprimir el dolor y realiza milagros. Siete semanas más tarde, alcanza la beatitud. Ha llegado el momento de enseñar su doctrina a sus cinco compañeros, con los que se reencuentra en Benarés, y que marcharán a predicar las enseñanzas de la Buena Ley. Buda continúa recorriendo la India hasta la edad de ochenta años. Tras comer una «delicia de cerdo» cae gravemente enfermo. Confía sus últimas

instrucciones a Ananada, su discípulo favorito, toma un último baño, se acuesta entre dos árboles y entra en el nirvana. Su alma escapa al fin al ciclo de las reencarnaciones y alcanza la eternidad.

Millones de hombres y mujeres escuchan las enseñanzas de la Buena Ley, llenas de sabiduría y simplicidad, y abandonan las divinidades brahmánicas. Esta nueva religión deja a un lado los dioses y predica la igualdad entre los hombres. Se convierten a ella reyes y emperadores. Monasterios, escuelas y universidades atraen peregrinos venidos de todos los rincones de Asia, que luego regresan a sus lugares de origen a enseñar la Buena Ley. Buda se convierte en un dios.

3

ENTRAN EN ESCENA NUEVOS DIOSES

Los brahmanes, al ver quebrantados sus privilegios, se deciden a reformar sus enseñanzas, a encontrar dioses más amables y próximos a los hombres. Sin abandonar el sistema de castas, la religión védica evoluciona hacia el brahmanismo.

NUEVOS SACERDOTES

Los brahmanes admiten la validez de las costumbres y tradiciones de las poblaciones no indoarias, y aceptan las divinidades locales y el culto a las imágenes. La visión de la divinidad, del señor o soberano, es absolutamente esencial. Es necesario que los fieles vean a los dioses. Detenerse a rezar ante la estatua del dios, rodear su imagen, depositar flores a sus pies, vestirlo, untarlo con manteca y perfumarlo: todo ello purifica al devoto de sus faltas cotidianas.

Los brahmanes dejan de realizar los sacrificios rituales, aceptan que los fieles se aproximen a los dioses y les

guían en el panteón divino. Cada fiel elige a un dios o a una diosa a quien adorar y acepta hacer todo lo que la divinidad desee de él. Es la *bhakti* o devoción. Ante la divinidad, hombres y mujeres son iguales.

Los brahmanes enseñan la no violencia para solucionar los conflictos entre los individuos. Se prohíbe sacrificar a las vacas y consumir su carne. La vaca, madre de los hombres, es sagrada. Este animal da a los hombres la leche, la mantequilla y la fuerza de trabajo. Sus excrementos mezclados con paja sirven de combustible y su orina, de medicamento.

Por último, los brahmanes hacen accesible la lectura de los textos sagrados a todos los que sepan

escribir. El sánscrito, lengua reservada a los sacerdotes, se reforma. Panini, fundador de la literatura, establece las reglas gramaticales. Los poetas escriben las leyendas de los dioses. La literatura religiosa se enriquece con textos épicos: el *Ramayana,* el *Mahabharata* y los *Purana* se convertirán en los grandes clásicos del hinduismo.

Aunque apartados, los primeros dioses no están olvidados. Los escritos sagrados guardan su recuerdo. Algunos conservan su lugar; los sabios se contentan con cambiarles los nombres e inventarles nuevas aventuras. Las divinidades menores, instaladas en la cúspide del panteón, arrastran tras de sí una cohorte de nuevos dioses. Pero el gran cambio es que los nuevos ocupantes del cielo son los Devas, mientras que los Asuras se transforman en antidioses que viven en palacios celestes o fortalezas voladoras de hierro, desde donde orquestan las guerras que hacen a los Devas.

LA TRIMURTI

Sobre trescientos treinta millones de Devas gobierna la Trimurti, tres grandes dioses que son los tres aspectos de una misma divinidad: Brahma, Vishnú y Shiva. Después de siglos, descienden de sus reinos celestes para tomar parte en las aventuras de los hombres cuando éstos les piden ayuda. En sus avatares a veces adoptan la forma de seres humanos, a veces de animales o incluso de ríos o montañas, dependiendo de los enemigos que haya que combatir. A cambio de prestar sus servicios, los dioses exigen devoción y ofrendas a los seres humanos.

EL DIOS CREADOR

Espíritu supremo y creador del universo, Brahma es el primer dios de esta trinidad. Es el señor de la tierra, siempre permanece en el centro del Loto, sin tener comienzo. En los tiempos antiguos, Brahma se llamaba Prajapati, «el nacido antes que el resto de los dioses».

Numerosos textos narran que sobre la inmensidad del océano apareció un huevo de oro. De él salió Brahma dando origen a la creación, a la cual nutre y protege. Brahma ha creado el mundo, que permanece inalterable durante un día de la vida del dios, lo que equivale a dos mil millones de años. Después, mientras duerme, el fuego devora la Tierra y a todas las criaturas. Sólo se salvan los dioses, los sabios y los cinco elementos. Cuando Brahma se despierta, se

apresura a reparar lo que el fuego ha destruido. Y el mismo fenómeno se repite durante cien años de la existencia de Brahma.

Cuando los dioses son, a su vez, creados, caen sobre el océano. Entonces sienten hambre y sed, y piden a Brahma que les busque un lugar donde vivir. El dios les da un toro. Como a los dioses no les parece suficiente, Brahma les entrega un caballo. Tampoco esto les satisface por completo, y Brahma les da un hombre. Entonces el fuego se transforma en palabra y entra por la boca. Después, el viento se hace aliento y entra por la nariz. El sol se hace visión y entra por los ojos. Las direcciones del espacio se hacen sonido y entran por los oídos. Las plantas y las hierbas se convierten en pelo y entran por la piel. La luna se hace pensamiento y entra por el corazón. La muerte se hace aliento digestivo y entra por el ombligo. Las aguas se hacen esperma y entran por el pene. Así se crea el hombre. Los dioses están contentos de haber obtenido algo tan bien hecho, y Brahma les ordena regresar a sus casas.

LA SEGUNDA RECETA DEL CREADOR

Otra historia cuenta cómo Brahma, deseoso de crear el bien y el mal, se concentra profundamente para que la oscuridad invada su cuerpo, hasta que salen demonios de su muslo. Entonces abandona su cuerpo, que se convierte en la noche. Deslizándose en otro cuerpo, experimenta el placer, y nacen de su boca los dioses, glotones y hedonistas. De nuevo abandona este cuerpo, que se convierte en el día. Desde entonces, los demonios son todopoderosos por la noche, y el día pertenece a los dioses.

Sin detenerse aquí, Brahma toma otro cuerpo y piensa con mucha fuerza que es padre. Así nacen los ancestros. Entonces abandona este tercer cuerpo, que se convierte en el crepúsculo. Los hombres salen del cuarto cuerpo, que al abandonarlo se convierte en el alba. Así, desde que comienza el día, los hombres son los dueños del mundo, mientras que al caer la noche, toman el poder los ancestros.

De otro cuerpo lleno de pasión, Brahma hace nacer el hambre, que engendra la ira y hace surgir seres ávidos, deformes y barbudos que acuden a él. Los que se quejan son transformados en demonios. Al verlos, Brahma siente repugnancia y pierde sus cabellos, que vuelven a crecer adoptando la forma de serpientes. Furioso, hace aparecer a otros demonios comedores de carne y bebedores de palabras.

Todos estos demonios, convertidos en los Asuras, son los enemigos de los Devas, las divinidades bienhechoras. Para darse gusto, Brahma hace nacer a los pájaros. Del pecho le salen los corderos; de la boca, las cabras; y del estómago y los costados, las vacas. De los pies, le brotan los caballos, los elefantes, los asnos, los ciervos, los camellos, los antílopes y muchas otras especies. El pelo de su cuerpo se transforma en hierba, frutos y raíces.

Contento de su obra, Brahma dispone que todas sus creaciones posean un karma para renacer eternamente respetando el *dharma*. Después abandona la vida.

EL RETRATO DE BRAHMA

Brahma es de color rojo o rosa. Tiene barba y el aspecto de un viejo sabio. Posee cuatro cabezas coronadas que le permiten ver en las cuatro direcciones. Al principio, las cabezas eran cinco, pero la quinta se la quemó el tercer ojo de Shiva. Un día, Brahma y Vishnú se disputaron la supremacía divina y entablaron batalla. Asustados, los dioses pidieron a Shiva que interviniera.

El dios llegó al campo de batalla con una columna de fuego para aniquilar las armas mágicas de Brahma y Vishnú, los cuales, sorprendidos por la misteriosa columna, partieron a buscar el comienzo y el fin. Vishnú, transformándose en jabalí, descendió a la tierra para encontrar la raíz. Y Brahma, convirtiéndose en ave migratoria fue a las alturas en busca de la cúspide.

Al volver con las manos vacías, Vishnú acepta su fracaso. Brahma, asegurándose la complicidad de una flor caída del tocado de Shiva, finge haber alcanzado la cúspide de la columna. Entonces Shiva sale de la columna para bendecir a Vishnú y castigar a Brahma, al que deja sin su quinta cabeza y condena a no tener más un culto independiente. Arrepentido, Brahma obtiene la presidencia de todos los sacrificios. Y la flor es perdonada.

Después de esta aventura, Brahma adquiere dos sobrenombres: «Cuatro Cabezas» y «Ocho Orejas». También posee cuatro brazos. En una mano sostiene los cuatro libros de los *Vedas*; en las otras, una jarra de agua, un rosario hecho de semillas, uno o dos cacillos para los sacrificios o un cetro, y su arco: Parivita.

Sarasvati, su esposa, es la hija de Prajapati. Diosa de las artes, del conocimiento, de la música y de la palabra, a esta hermosa mujer se la representa con cuatro brazos. Sostiene un libro y un rosario, y toca la *vina*, un instrumento de cuerda.

Brahma se desplaza sobre Hamsa, que se asemeja a un cisne o a un ganso. A veces viaja a lomos de un elefante. En reposo, se sienta sobre un loto que sale del ombligo de Vishnú, quien se despierta cuando amenaza algún peligro.

Tras crear el universo, Brahma ha confiado su custodia a Vishnú, que ocupa el segundo lugar en la Trimurti.

4

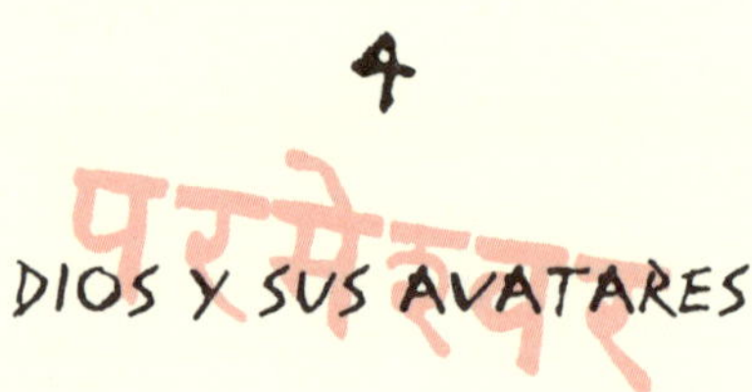

DIOS Y SUS AVATARES

En los tiempos en que Brahma era Prajapati, Vishnú no era más que un ayudante de Indra que se hizo célebre por los tres pasos de gigante que dio con el fin de medir el universo que los demonios querían arrebatar a los hombres. Gracias a su intervención, los demonios se batieron en retirada. Como Indra no podía prescindir ya de su ayuda, Vishnú pasó a ser reconocido como protector de la creación. Desde entonces, mientras duerme, Vishnú vela por el universo.

VEINTIOCHO ENCARNACIONES

Los avatares de Vishnú descienden a la tierra para ayudar a los hombres en su lucha contra las fuerzas de la oscuridad. Se pueden contar veintiocho encarnaciones de Vishnú, de las que diez son célebres:

—El pez Matsya salvó la creación del diluvio.

—La tortuga Kurma, sobre cuyo caparazón reposa la India, recuperó todas las cosas preciadas del universo que los Asuras habían robado.

—El jabalí Varaha salvó a la Tierra Madre de perecer bajo las aguas.

—El león Narasimha mató a los Asuras que destruían a los hombres.

—El enano Vamana triunfó sobre el mal que invadía la tierra.

—Rama, con el hacha llamada Parashurama, exterminó a los déspotas.

—El séptimo avatar de Vishnú es Rama, príncipe y dios guerrero.

—Krishna descendió a la tierra para establecer el amor divino.

—Cuando llega la era de los conflictos, Vishnú toma la forma de Buda.

—Kalki, el último avatar, vendrá al final de la era de los conflictos para castigar a los reyes ladrones y consolar a los virtuosos. Restaurará la edad de oro y destruirá el mundo para que nazca una humanidad nueva.

EL RETRATO DE VISHNÚ

«Mi nombre, Vishnú, de origen oscuro, significa "el que está en todas partes". Mis numerosos adoradores afirman que soy el creador de todas las cosas y me han dado más de mil nombres.

»Mi cuerpo es negro o azul, del color del espacio cósmico. Sobre mi cabeza resplandece una diadema; alrededor del cuello llevo una guirnalda de flores silvestres, y en las orejas, pendientes en forma de monstruos marinos. En mi pecho izquierdo tengo un mechón de cabellos dorados que recibe el nombre de Querido de la Fortuna. Sobre mi pecho brilla una joya que se llama Tesoro del Océano. Mi cordón sagrado está hecho con tres hilos que representan las tres letras de AUM. En mis cuatro manos sostengo la concha, el *chakra* —disco de seis rayos—, la maza, el arco y el loto. También porto un mosquero, un abanico para aventar el fuego y la espada del conocimiento. Mis cuatro brazos están adornados con brazaletes. Mis caderas están cubiertas por un velo de seda amarillo. Mis pies están decorados con un estandarte y un quitasol real.

»Me desplazo sobre Garuda, mitad hombre, mitad buitre. Cuando duermo, reposo sobre los anillos de Ananta, la serpiente de las mil cabezas, que flota sobre las aguas del vasto océano del inconsciente, sobre el que reino.»

LOS AMORES DE RAMA Y SITA

Fundada por Manú, el primer hombre, Ayodhya era la capital del rico reino de Koshala. Dasharatha, su rey, estaba triste por no tener descendencia, y pidió a los sacerdotes que prepararan el sacrificio del caballo a fin de que los dioses le dieran herederos. Vishnú le envió un brebaje mágico que Dasharatha dividió en cuatro partes, las cuales dio a sus tres esposas. La primera esposa, que recibió dos porciones, tuvo un hijo llamado Rama. La segunda esposa,

que tomó la tercera porción, dividida en dos, dio a luz a dos hijos: Shatrughna y Lakshmana. La tercera esposa trajo al mundo a Bharata. Los cuatro hijos eran todos de una belleza celestial y crecieron en la más perfecta armonía, lo que devolvió la alegría al viejo rey. Como Rama era el príncipe preferido del pueblo, el rey lo eligió por heredero.

Un día, un sabio llegado a la corte pidió a Rama que le ayudara a aniquilar a los demonios que le impedían dedicarse a sus devociones. Rama y Lakshmana acabaron con los demonios en un abrir y cerrar de ojos. El sabio decidió entonces llevar a Rama a la corte del rey Janaka, poseedor de un arco divino. El monarca prometía dar en matrimonio a su hija Sita a quien fuera capaz de levantar el arco, prueba que ningún príncipe superaba.

Janaka hizo traer a Rama el arco sobre un carro de ocho ruedas arrastrado por ochocientos hombres. El joven tomó el carcaj, sujetó el arco con una mano, lo curvó sin esfuerzo, pasó la cuerda, y tensó el arma, que se rompió. Maravillado, el rey otorgó a Rama la mano de su hija.

De vuelta en Ayodhya, Rama y Sita se preparaban ya para convertirse en reyes; pero Kaikeyi, la madre de Bharata, hermano menor de Rama, tenía otros planes en mente: quería el trono para su hijo, y exigía que a Rama se le exiliara en el bosque durante catorce años. Fue a ver al viejo rey para recordarle la promesa que le había hecho durante una batalla en la que, herido de gravedad, ella le había salvado la vida. A cambio, el rey le había prometido la gracia que ella eligiera. Como no podía renegar de su promesa, el rey aceptó después de haber consultado a Rama, quien renunció al trono y se exilió en el bos-

que en compañía de Sita. Acompañados de Lakshmana, Rama y Sita se dirigieron al bosque de la
Penitencia. Apenas se habían instalado en un recón-
dito claro de la espesura, cuando Bharata llegó hasta
donde estaban para anunciarles la muerte del rey
y pedir a Rama que volviera al palacio para ocupar
el trono. El joven rehusó y pidió a su hermano que
fuera el guardián de la corona durante catorce años.
En los diez años siguientes, los tres exiliados se des-
plazarán de ermita en ermita.

EL RAPTO DE SITA

Un día en que se encuentran en el bosque de Dan-
daka, infestado de *rakshasas*, la demonia Shurpanakha, transformada en una hermosa mujer, intenta
en vano seducir a Rama. Lakshmana, al ver que
Shurpanakha quiere matar a Sita, desenvaina la es-

pada y corta la nariz y las orejas de la demonia, que pide a sus tres hermanos que la venguen. Rama mata a los hermanos y a catorce mil demonios. La arpía huye volando hasta Lanka, donde reina su hermano Ravana, el azote del mundo, que tiene diez caras y veinte brazos. Cuando ve el estado de su hermana, monta en cólera y ordena raptar a Sita.

Al llegar al bosque, Ravana idea una sutil estratagema. Un *rakshasa* metamorfoseado en gacela de pelaje dorado merodea por los alrededores del refugio de Rama. Al ver al animal, Sita pide a Rama que lo cace. Temiendo que Rama pueda caer en una trampa, su hermano le acompaña dejando a Sita sola. Ravana aprovecha para sorprenderla. Seducido por su belleza, se enamora de la princesa y la rapta.

Cuando vuelven, Rama y su hermano descubren la desaparición de Sita. Entonces, Sugriva, el rey de

EL RAMAYANA

LAS AVENTURAS DE RAMA Y SITA SE
NARRAN EN EL RAMAYANA, POPULAR
POEMA ÉPICO ESCRITO POR EL SABIO
VALMIKI. ESTE ANTIGUO ASALTADOR
DE CAMINOS, CANSADO DE HACER
EL MAL, SE INTERNÓ EN EL BOSQUE
PARA LLEVAR UNA VIDA ASCÉTICA
Y PERMANECIÓ ALLÍ INMÓVIL DURANTE
MIL AÑOS. CON EL TIEMPO, SU CUERPO
SE CUBRIÓ DE HORMIGAS, DE AHÍ EL
NOMBRE DE VALMIKI, QUE SIGNIFICA
«HIJO DE UNA HORMIGA». LOS DIOSES
LE DICTARON EL RAMAYANA CUANDO
MEDITABA SOBRE LA PALABRA «MARA»,
QUE SIGNIFICA «MUERTE» Y ES UN
ANAGRAMA DE RAMA.
EL RAMAYANA ES UNA OBRA MAESTRA,
EQUIVALENTE EN LA LITERATURA
INDIA A LA ODISEA DE HOMERO.
ESTA EPOPEYA ES EL RELATO
DE LA CONQUISTA DE LA ISLA DE
SRI LANKA.

los monos, que ha sido testigo del rapto, propone a Rama ayudarle y enviar a Hanuman, su fiel general, a buscar a Sita.

Rama confía a Hanuman su anillo real, y éste, rápido como el viento, se eleva por los aires y de un salto prodigioso cruza el mar y aterriza en Lanka. Hanuman se hace muy pequeño para poder entrar en el palacio de Ravana. Llega hasta Sita, que reconoce el anillo, y se entera de que el rey le ha dado un plazo de dos meses para que acceda a casarse con él o, de lo contrario, la matará.

El mono abandona el lugar y saquea los bosques reales; después, atrapado por los demonios, incendia la capital de Lanka con su cola prendida en fuego. Cuando vuelve adonde Rama, Hanuman le relata su viaje. El príncipe propone a Sugriva partir sin más dilación para entablar batalla con los demonios y liberar a la cautiva.

Al llegar a la orilla del mar, el ejército de simios no puede cruzar las aguas para acceder a Lanka, y Rama pide ayuda a Varuna, el dios de los océanos, quien le aconseja que construya una calzada de gigantes. Dicho y hecho, Rama, Hanuman y sus tropas penetran en territorio enemigo. Viendo la amplitud de los daños causados por Hanuman, la madre y el hermano de Ravana le aconsejan liberar a Sita. Pero éste, al ver a los ejércitos de Hanuman acampados a las puertas del palacio, manda modelar una cabeza a imagen de Rama para hacer creer a Sita que su príncipe ha sido decapitado.

LA DERROTA DE LOS DEMONIOS

Rama y sus aliados avanzan hacia el palacio real y se inicia una terrible batalla. Todos los generales de Ravana mueren y sus batallones son derrotados, pero el ejército de los simios también sufre enormes pérdidas, y Rama y su hermano resultan gravemente heridos. Así que Hanuman echa a volar hacia el Himalaya para buscar allí las hierbas medicinales que resucitan a los muertos.

Al ver a todos sus hijos muertos en la lucha, Ravana sale del palacio para enfrentarse a Rama en combate singular, el cual dura siete días. Al final, Rama dispara la flecha de Brahma, y Ravana cae muerto en el acto.

Hanuman entra el primero en el palacio y anuncia la nueva a la cautiva. Pero Rama rechaza a Sita, persuadido de que ella le ha sido infiel. Ante la asamblea de simios, la princesa decide inmolarse en el fuego. Al penetrar en la hoguera, las llamas se apartan de ella, y Sita sale indemne de la prueba, salvada por Agni. Convencido de la fidelidad de su esposa, Rama le devuelve la confianza. Ya han transcurrido los catorce años, y Rama y Sita vuelven a Ayodhya, donde Bharata les espera.

Rama reina durante cien años, y su pueblo vive una edad de oro magnífica.

Así termina el poema de Valmiki, el cual se van transmitiendo durante siglos generaciones de poetas. Se dice que los que cuentan esta historia son bendecidos por los dioses.

LA LEYENDA DE KRISHNA

Un día, una voz del cielo anuncia al cruel Kamsa, que reina en Mathura, que el octavo hijo de su hermana Devaki lo expulsará del trono y dominará el mundo. Kamsa quiere matar a Devaki, pero renuncia a ello cuando el marido le promete entregarle todos los hijos que ella traiga al mundo. Al recibir el primero, Kamsa dice: «Sólo quiero al octavo».

En cada uno de los nacimientos de los seis primeros niños, se repite la misma escena, hasta el día en que Kamsa se entera por un sabio de que Vishnú va a descender muy pronto a la tierra para matarlo. Al darse cuenta de que su clemencia ha sido inútil, Kamsa ordena degollar a los hijos de su hermana y a todos los niños del reino. La tierra, adoptando la forma de una vaca, implora a los dioses que castiguen a Kamsa, y Brahma pide a Vishnú que intervenga.

Tras haber depositado a su séptimo hijo en el seno de Rohini para que lo proteja, Devaki se queda de nuevo encinta. Esta vez Vishnú se encarna en ella. Al saberlo, Kamsa manda encarcelarla. Cuando el niño nace, se abren las puertas de la prisión, y la voz de una fuerza invisible le dice: «Toma a tu hijo y llévalo a casa de Nanda, el jefe de los pastores. A cambio, coge a la pequeña que

su mujer acaba de dar a luz y vuelve a la prisión». Cuando Devaki regresa, los guardianes de la prisión se despiertan por los llantos del recién nacido y anuncian la noticia a Kamsa, que se precipita a matar al bebé. Se apodera de la criatura y la lanza por los aires. Escapándose de sus manos, la niña se transforma en una diosa que echa a volar para reunirse con Vishnú mientras grita: «Detén tus crímenes, porque ha nacido ya el que va a matarte». Conmocionado por este prodigio, el rey cae a los pies de su hermana y la manda liberar.

Nanda y su esposa descubren en la cuna a un hijo de una belleza sobrenatural, con la piel azul oscuro. Sorprendido, Nanda hace llamar a los astrólogos, que pronostican: «Este niño es más grande que Brahma. Destruirá a los demonios y aliviará la tierra de sus penas».

LOS AMORES DE KRISHNA

Enseguida, pastores y pastoras, al son de las flautas, descienden de las colinas y da comienzo la fiesta. Durante días se suceden los cantos y los bailes. Llenas de júbilo, las jóvenes perfumadas de sándalo se maravillan ante este niño alrededor del que brincan vacas y terneros ungidos con aceite y jengibre.

Kamsa y los Asuras no han dicho aún la última palabra, y los crímenes continúan. Una demonia intenta envenenar al niño dándole de mamar. El bebé le succiona todo el cuerpo, que los pastores cortan en nueve trozos antes de quemarlo. El niño recibe sus primeros nombres: Krishna el Negro, Narayana, Gopala el Pastor, Govinda el Rey de los Prados, Bhagavat el Bienaventurado, y muchos otros nombres, tantos como hay estrellas.

Mientras crece, Krishna no cesa de hacer travesuras y gastar bromas. Roba las ollas de leche de las *gopis*, o pastoras, y se embadurna o se atraca de mantequilla, que comparte con sus amigos los monos. Al llegar a la adolescencia, Krishna corteja a las *gopis*.

Cuando se bañan en el río, se divierte escondiéndoles los saris. Se interna en lo profundo del bosque y allí toca la flauta para atraer a las *gopis*, que al escuchar la música acuden locas de deseo. Durante una danza que dura treinta y tres días, un millar de ellas se convierten en amantes suyas. Al final, se enamora de Radha, la más bella de todas, y pierde su flauta. Poco tiempo después de haberla desposado, se casa también con Rukhmini. La leyenda cuenta que Krishna tuvo ciento ochenta mil hijos.

Durante muchos años, Krishna continúa combatiendo a los demonios que perturban la paz del país de Mathura. Siempre victorioso, destrona a Kamsa y entrega el poder al rey legítimo.

Dios del amor y de la paz, Krishna es también un temible guerrero y un político astuto. Participa en la batalla de Kurukshetra como consejero de los hermanos Pandava, en guerra contra sus primos, los Kaurava, cuya historia se cuenta en el *Mahabharata*.

Krishna muere al alcanzarle el talón, única parte vulnerable de su cuerpo, la flecha de un cazador que lo ha tomado por una gacela. Su cuerpo no recibirá sepultura. La humanidad entra entonces en la cuarta era, la de la destrucción, en la cual vivimos aún.

EL MAHABHARATA

CON SUS DOSCIENTOS VEINTE MIL
VERSOS, EL MAHABHARATA ES EL
POEMA MÁS LARGO DEL MUNDO.
COMO LA ILÍADA, ES EL RELATO DE UNA
TRÁGICA BATALLA ENTRE DOS FAMILIAS:
LOS KAURAVA Y LOS PANDAVA.

EN LA CIUDAD DE HASTINAPURA VIVEN
DOS PRÍNCIPES QUE SON PRIMOS. EL REY
DHRITARASHTRA, CIEGO Y PADRE DE LOS
CIEN KAURAVA, ADOPTA, A LA MUERTE
DE SU PRIMO PANDU, A SUS CINCO
HIJOS: LOS PANDAVA.
LOS CELOS DE LOS KAURAVA LLEVAN
AL REY DHRITARASHTRA A EXPULSAR
A LOS PANDAVA DEL PALACIO.
EL MAYOR DE LOS KAURAVA INTENTA
PRENDER FUEGO A LA CASA DE LOS
PANDAVA, PERO ÉSTOS, AVISADOS DEL
PELIGRO, SE REFUGIAN EN EL BOSQUE.
DURANTE UNA COMPETICIÓN DE TIRO
CON ARCO, LOS PRIMOS SE ENFRENTAN.
RESULTA GANADOR ARJUNA, UNO DE LOS
PANDAVA, Y DHRITARASHTRA DA LA
MITAD DE SU REINO A SUS SOBRINOS.

CELOSOS, LOS KAURAVA LES INVITAN
A UNA PARTIDA DE DADOS. LOS PANDAVA
PIERDEN TODO LO QUE TIENEN Y SE
EXILIAN EN EL BOSQUE.

AL CABO DE DOCE AÑOS, DECIDEN
RECONQUISTAR SU REINO. LA GUERRA
ESTÁ PRÓXIMA. CADA BANDO ELIGE
A SUS ALIADOS. A KRISHNA SE LE PIDE
QUE PARTICIPE, Y REHÚSA COMBATIR,
PERO ACEPTA SER EL AURIGA DE
ARJUNA. EL DIOS ALIENTA A ARJUNA
CON SUS CONSEJOS, QUE SE RECOGEN
EN EL POEMA DEL BHAGAVAD GITA.
DURANTE LA BATALLA DE KURUKSHETRA
PERECEN TODOS LOS KAURAVA,
Y DHRITARASHTRA SE RETIRA
AL BOSQUE PARA MORIR. LOS
PANDAVA HEREDAN EL REINO,
PERO LOS REMORDIMIENTOS
HACEN PRESA EN ELLOS, ABDICAN,
Y SE EXILIAN EN EL HIMALAYA.
TRAS UNA BREVE ESTANCIA EN LOS
INFIERNOS, ENTRAN EN EL REINO
DE INDRA.

5

EL DIOS REBELDE

Brahma es el dios creador y Vishnú el conservador de su creación: la vida. Sin embargo, todo lo que nace, muere, y la destrucción de las cosas es fuente de creación. Y para que esta creación permanezca y se renueve, hace falta un dios que la destruya, pero uno que no destruya demasiado. Los brahmanes encontraron la divinidad que llevaría a cabo esta tarea: Shiva.

LA ENCARNACIÓN DEL DIOS

No lo inventaron verdaderamente, porque ya existía con el nombre de Rudra. En el panteón de la sociedad aria no había apenas espacio para él. Era un dios terrible, y nadie osaba pronunciar el nombre de Rudra por miedo a desencadenar su ira.

Cuando nació, Rudra lloraba a lágrima viva. Su padre le preguntó la razón. «¡No me has dado un nombre!». Entonces su padre le puso Rudra, que significa «el que llora». A su vez, Rudra hacía llorar a los hombres. Para ablandarlo, se le dio un sobrenombre: Rudra-Shiva, Rudra el Benéfico, pues cuando soñaba, dejaba al mundo en paz. Después, sus fieles le llamaron solamente Shiva.

SHIVA EL BIENAMADO

Shiva no heredó el carácter ruin de Rudra. Benévolo y pacífico, hoy es el dios al que adora la gente sencilla, que le dado mil ocho nombres: Coronado de Luna, Cuello Azul, Portador de Cráneos, Rey de la Danza, etc. Es el dios preferido de los yoguis y los ascetas, quienes se esfuerzan por parecérsele.

Atractivo físicamente, a Shiva se le representa a menudo meditando, sentado sobre una piel de tigre. Sobre su frente adornada con una luna creciente, tiene un tercer ojo que quema todo lo que se le interponga. De su cabello revuelto y recogido en un moño en la coronilla, brotan, blancas como la leche, las aguas purificadoras del Ganges, de las que se apoderó cuando caían del cielo. En el cuello, que es azul por haberse tragado el veneno con el que los demonios querían destruir al mundo, lleva un collar de calaveras entremezcladas con serpientes. Su cuerpo es de una blancura extrema a causa de las cenizas con las que se cubre. Va vestido con una piel de tigre.

Sus cuatro brazos representan las cuatro direcciones del espacio. En dos de sus manos sostiene el tridente y un hacha. Con las otras dos hace los gestos de dar y de alejar el temor. Para ayudar a los dioses va a menudo armado con un arco, una maza guarnecida con una calavera, o un cordel para atar a los que le han ofendido. Con un tambor en forma de reloj de arena marca el ritmo de su danza cósmica mientras aplasta con el pie derecho al espantoso enano Mulayaka, que atiza las pasiones que hacen sufrir a los hombres.

Se dice que Shiva Nataraja, el señor de la danza, bailará hasta el fin de la cuarta la era, la de la ignorancia.

Shiva es un asceta al que no le gusta que le molesten. Su morada está en el Himalaya, sobre el monte Kailash. A su lado se sienta su esposa Parvati y sus servidores, casi todos demonios. Cerca de él se halla su medio de transporte, el toro blanco Nandi, guardián de todos los mamíferos.

Shiva es el comienzo y el fin de todas las cosas. Está en todas partes y se encuentra además en ninguna. Adopta las formas más diversas, a veces mitad hombre y mitad mujer. Su forma más común es el *lingam*.

Según las creencias populares, las serpientes son amigas de Shiva y genios del sol, espíritus de un reino subterráneo cuyos tesoros guardan. Junto con sus

EL LINGAM

SHIVA SE REPRESENTA POR MEDIO DEL
LINGAM, LA IMAGEN DE LA COLUMNA
DE FUEGO EN LA QUE DESCENDIÓ
PARA SEPARAR A BRAHMA Y A VISHNÚ
Y PONER FIN A SU COMBATE.
LA VENERACIÓN DEL LINGAM OTORGA
DICHA, FELICIDAD Y LIBERACIÓN
ESPIRITUAL. EN LOS TEMPLOS, LOS ALTA-
RES Y LOS HOGARES, SHIVA
ESTÁ PRESENTE EN LA FORMA
DE UN CILINDRO NEGRO CON LA PARTE
SUPERIOR REDONDEADA. EL LINGAM
EMERGE DE UN CÍRCULO ENTREABIERTO
POR EL QUE FLUYEN LÍQUIDOS
SAGRADOS (AGUA, LECHE, YOGUR,
MIEL, ETC.).
EL CÍRCULO ES EL YONI, QUE
REPRESENTA EL SEXO FEMENINO.
SÍMBOLO DE LA FERTILIDAD, EL LINGAM
ES EL FALO ERECTO DEL DIOS, PROTEGIDO
POR LA SERPIENTE SHESHA, SÍMBOLO
DEL ETERNO RETORNO.

hembras, se dedican a la poesía. Las serpientes son destructoras de la vida por su veneno mortal, pero también son guardianas de las cosechas, y reciben ofrendas de leche. Shesha vela por la vida de los humanos, a quienes les gusta hacerle bailar al son de sus flautas.

6

DIOSAS Y SEMIDIOSES

Las diosas de los primeros tiempos tenían funciones secundarias. Con la llegada de los nuevos dioses su situación cambia, pues los fieles de Vishnú, Rama, Krishna y Shiva profesan la misma pasión y devoción a sus compañeras. Éstas son consideradas como manifestaciones de Devi, la Gran Diosa, que se representa por medio del *yoni*, de donde emerge el *lingam*. Devi es la *shakti*, la energía divina que baila sobre el cuerpo de Shiva y se encarna en las diosas, que ofrecen a los hombres dulzura y compasión, aunque también pueden dar muestras de violencia y de la mayor crueldad.

SRI-LAKSHMI

Cuando Lakshmi, diosa de la fecundidad, se llamaba Sri, residía en los excrementos de la vaca. Los campesinos la amaban muy particularmente porque su humedad y su olor les aseguraba buenas cosechas. Sri cede su puesto a Lakshmi. Sentada sobre el loto, de cuyas flores lleva una guirnalda, Lakshmi, la esposa fiel, flota sobre las aguas primordiales y masajea los pies de Vishnú mientras duerme. Porta un loto, una fruta, una jarra llena de *soma* y la concha ma-

rina de donde procede la sílaba AUM. Es una divinidad de buen augurio y encarna la fortuna, la belleza y la elegancia.

SATI-PARVATI

Al llevar una vida ascética y practicar la continencia, Shiva amenazaba la supervivencia del mundo. Por eso los dioses decidieron buscarle una esposa sensata, austera y fiel. Eligieron a Sati, la hija pequeña de Brahma, quien celebró el matrimonio. Durante diez mil años la pareja vivió amorosamente sobre el monte Kailash. Pero el padre de Sati no quería a aquel yerno insolente y maleducado que vivía rodeado de demonios. Un día, durante un gran sacrificio, dejó de invitarle a propósito. Loca de rabia, Sati se suicidó inmolándose en el fuego. Al saber de la muerte de su compañera, furioso, Shiva formó con sus cabellos y su sudor un monstruo de mil cabezas, mil brazos, mil mazas y mil pies, y le ordenó matar a su suegro junto con sus seres queridos. Después par-

tió en busca del cuerpo de Sati, lo encontró, y erró por el universo con su cadáver, que terminará por renacer en la persona de Parvati.

Desde su más tierna infancia, Parvati se enamora de Shiva. Como el dios practica el ascetismo, no presta apenas atención a esta niña de tez oscura. Así que Indra pide a Kama, dios del amor, que despierte los ardores de Shiva. Pero Shiva, que no quiere que le distraigan de sus meditaciones, hace añicos la «flecha florida» de Kama y, con su tercer ojo, la reduce a cenizas.

Sin desanimarse por ello, Parvati decide hacer penitencia y llevar también una vida de asceta. Se retira al Himalaya, no lejos de donde mora Shiva, y allí, durante más de tres mil años, se entrega a toda suerte de mortificaciones repitiendo sin cesar el nombre de Shiva. Con el tiempo, su ascesis provoca un intenso calor, insoportable para los dioses y los seres de los Tres Mundos. No pudiendo resistirlo más, los dioses van a ver Shiva, quien, tras disfrazarse para tener un aspecto repelente, acepta encontrarse con Parvati. Sin dejarse engañar, la joven elogia a su amado, quien, finalmente seducido, la estrecha entre sus brazos y la toma por esposa.

Cuando todo está listo para que tenga lugar la boda en el monte Kailash, Mena, la madre de Parvati, se niega a que su hija se despose con un ser repelente que vive rodeado de demonios. Finalmente resignado, Shiva vuelve adoptar su hermosa apariencia, el matrimonio tiene lugar y la supervivencia del mundo queda asegurada gracias a los retozos amorosos de la pareja divina, que desde entonces vive dichosa en compañía de sus hijos Skanda y Ganesha. Parvati, además, es la diosa de la procreación.

DURGA-KALI

Aunque es tan bella y puede ser tan dulce como Parvati, la diosa Durga ama la guerra. Cabalgando sobre un león de aspecto temible que no es sino Shiva, Durga combate a los Asuras para restablecer el orden cósmico.

Un día, el demonio-búfalo expulsa a los dioses de su morada. Los dioses, demasiado cobardes, envían a Durga al combate y cada uno le presta un arma. Con sus innumerables brazos, Durga maneja el tridente de Shiva, el disco de Krishna, la lanza de Agni, el arco y las flechas de Vayu, la centella de Indra y el lazo de Varuna, y mata al demonio mientras profiere una inmensa carcajada, tan potente que el mundo se estremece.

En otra ocasión, los demonios han despojado a Indra de los Tres Mundos y Durga les hace la guerra y los mata. Cuando ve aparecer a los lugartenientes de los demonios, Durga monta en una cólera tal que se pone toda negra y de su frente brota la espantosa Kali, armada con una espada y un lazo.

GANGA

Los hindúes veneran a Ganga como diosa del río de las aguas sagradas, las cuales brotan del cabello de Shiva.

Ganga, hija de Himavat, rey de las nieves, habita en las regiones celestes, y es célebre por su humor antojadizo y su independencia.

Un día, Brahma visita a Himavat en el Himalaya y le pide lo siguiente: «Que Ganga descienda a la tierra para que sus aguas puras liberen las almas de los sesenta mil niños del rey Sagar, a quienes quemó vivos el sabio Kapila por importunarle mientras meditaba. Porque sus almas vagan sin reposo». Himavat acepta.

Conociendo el carácter fogoso de Ganga y temiendo un descenso vertiginoso, Brahma pide a Shiva que esté preparado para intervenir. Impaciente por abandonar el reino de su padre, Ganga sale como una furia de Gomukh, «la boca de la Vaca». El estruendo del agua corriendo en todas direcciones perturba a todos los seres vivos, que huyen a su paso.

Shiva, que tal como le ha pedido Brahma ya está preparado para su estallido, se alza ante ella y, profiriendo una gran carcajada, la captura por los cabellos. Una vez amansada, la deja proseguir.

KALI LA NEGRA

SU NOMBRE EVOCA EL NEGRO, KALA,
COLOR DE LA MUERTE. LA BELICOSA KALI
DECAPITA Y DEVORA A LOS DEMONIOS.
SUS OJOS ESCUPEN FUEGO. MUESTRA
LA LENGUA EN UNA BOCA RODEADA
DE COLMILLOS, QUE RUGE Y SONRÍE
BURLONAMENTE. SU TORSO DE SENOS
FLÁCCIDOS ESTÁ GUARNECIDO POR
UNA GUIRNALDA DE CALAVERAS.
VESTIDA CON UNA PIEL DE TIGRE
CEÑIDA POR COBRAS, KALI DANZA
SOBRE LOS CADÁVERES.

KALI ENCARNA LA AGRESIVIDAD
OCULTA DE LAS MUJERES, PRESTAS
A LEVANTARSE CONTRA EL PODER DE
LOS HOMBRES. ES LA SHAKTI O ENERGÍA
FEMENINA, DISPENSADORA DE VIDA
Y DE MUERTE. TRAS DANZAR SOBRE
EL CUERPO DE SHIVA, PARA APACIGUARSE
COPULA CON ÉL.
KALI CAUSA MIEDO. TEMIDA Y ADORADA,
SE LE SACRIFICAN ANIMALES COMO
LAS CABRAS.

Derramando sus aguas sagradas sobre la tierra, Ganga desciende hasta los infiernos, donde encuentra las cenizas de los hijos del rey Sagar. Una vez bañadas sus almas, pueden por fin ingresar en su morada celeste.

Hacer un peregrinaje a las orillas del Ganges es el sueño de cualquier hindú que, al menos una vez en la vida, va a bañarse a las aguas del río sagrado. Beber un poco del preciado líquido permite purificarse de todas las faltas cometidas en el curso de la existencia.

GANESHA

De todas las divinidades es una de las más populares. Este dios tan amado tiene su correspondiente altar en cada hogar. Hasta los cristianos y los musulmanes que habitan en la India aceptan su protección de buen grado.

Ganesha tiene un cuerpo tripudo de hombre y la cabeza de elefante. Famoso por su sabiduría, es el dios del conocimiento, de la inteligencia y de las artes. Escribió el *Mahabharata* utilizando una pluma tallada en uno de sus colmillos, que se rompió durante una pelea. A Ganesha le gusta leer, y también los placeres y la buena mesa. Le encantan las golosinas, la danza y las bromas. Su medio de transporte es el ratón Mushaka.

Parvati lo concibió ella sola un día que Shiva no estaba. Deseaba tomar un baño, pero temía que la importunaran. Entonces se frotó las piernas para extraer un poco de suciedad, que mezcló con rocío y perfumó con azafrán. Con esta mezcla modeló un guardián, trayendo así al mundo a un joven soberbio, a quien ordenó apostarse en el umbral de la casa y no dejar entrar a nadie.

Al regresar, Shiva se encontró con que un desconocido le impedía entrar en su hogar amenazándole con una espada. «Déjame entrar.» «¡Ni hablar!» Furioso, Shiva ordenó a su séquito de demonios y enanos que despejaran la entrada. Desplegando una fuerza y una destreza extraordinarias, Ganesha se desembarazó de todos los demonios. Entonces Shiva, al ver que no iba a vencerlo lealmente, se deslizó detrás de él y le cortó la cabeza.

Alertada por el estruendo, Parvati salió del baño y vio a su hijo decapitado. Loca de dolor, se abalanzó sobre su esposo y amenazó con desencadenar una guerra entre los dioses. Shiva, al ver el orden del mundo amenazado por la ira de Parvati, prometió reparar su falta. A los pocos instantes, volvió con la cabeza de un elefante y la fijó sobre el cuello del joven. Apaciguada, Parvati dio a su hijo el nombre de Ganesha: «el que calma las querellas y suprime los obstáculos».

Desde entonces, Ganesha bendice los matrimonios. Es muy querido de todos los que corren peligros: viajeros, mercaderes, caravaneros y ladrones. Como el elefante, es la imagen de la fuerza domesticada y de la sabiduría. Es tan vivo y astuto como su amigo Hanuman.

HANUMAN

Héroe del *Ramayana*, comandante del ejército de los monos y amigo fiel de Rama, Hanuman es hijo de Vayu, el Viento. Al igual que su padre, puede llegar a ser fuerte como un huracán. Vuela por los aires, donde se divierte atrapando nubes. De niño intentó atrapar el sol creyendo que el astro divino era una manzana. Cruza los mares de un salto, puede transportar el Himalaya y se metamorfosea a voluntad.

Su pelaje es generalmente amarillo dorado. Tiene el hocico rojo como el rubí. La cola es muy larga y muy fuerte. Se le representa a menudo con ocho o

diez brazos, prestos a lanzar sus mazas contra los demonios.

Hanuman es también médico. Cura por medio de las plantas, de las que es gran conocedor. Es un erudito y el primer gramático y, como Ganesha, es amigo de los escritores.

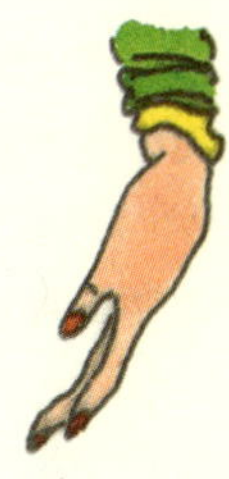

Hoy, en la inmensidad de la geografía india, estos dioses dominan con todo su poder una escena religiosa en la que pululan millones de divinidades de todo tipo que se han multiplicado y evolucionado a lo largo de los siglos, y cuyos nacimientos y aventuras narran los textos sagrados y la literatura.

Así, tras los primeros cultos a la Diosa Madre, el mundo indio conoció la religión védica, posteriormente transformada en el brahmanismo, el cual, amenazado por las enseñanzas de Buda, se reformó para convertirse en el hinduismo.

Durante su vida, los fieles viajan por millones a los centros de peregrinaje, los templos, los ríos y las montañas sagradas para ver allí a sus diosas y dioses favoritos. Con la presencia directa se dan así a conocer a las divinidades a las que solicitan favores. Hacer *puja,* ofrendas y rezos de la mañana a la noche es el primer deber del creyente hacia el dios o la diosa de su devoción.

Entre las grandes religiones de hoy, el hinduismo conserva esta mitología de cerca de cinco mil años de antigüedad en la que los dioses y las diosas guían al devoto y a su alma, y le ayudan a dirigir su destino o karma, respetando el *dharma*: la ley del Buen Orden del mundo. Quien respete el *dharma* y el orden cósmico se verá liberado de los sufrimientos humanos y escapará del ciclo infernal de los renacimientos.

Mudra

Los gestos místicos de las manos simbolizan los poderes de las divinidades hindúes o las actitudes mentales de Buda. En número de trece, estos gestos son elementos característicos de las danzas religiosas del hinduismo, como el *bharata-natyam*. A continuación vemos las cinco que han aparecido en el libro:

Estás protegido.

¿Qué deseas?

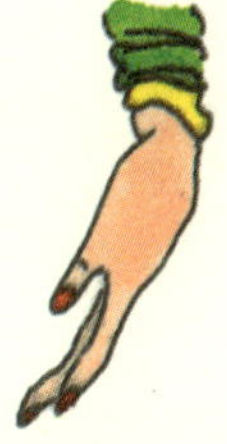

Ve libremente.

Detente
y contempla.

Ven que
te proteja.

Para saber más

Littleton, Scott C. *Mitología*. Blume, Barcelona, 2004.

Wilkinson, Philip. *Diccionario ilustrado de mitología*. Blume, Barcelona, 1999.